누가 내 안에서 자꾸 꽃을 심는다

지혜사랑 315

누가 내 안에서 자꾸 꽃을 심는다

이명자 시집

자서

억새들 눈부시다
어디가 길이고
여기가 어디인지
그렁그렁 눈물짓던 엄마도
부처같은 아버지도 없는
악양…
나는 엄마가 가르쳐 준 인생을 살고 있다
엄마가 가신 그 길을
순순히 따라가고 있다

차례

자서 … 5

1부

간절곶	12
민들레	13
황사	14
노인 병동	15
고욤처럼	16
길이 휘청거린다	17
불두화	18
전화	19
노을	20
구월	21
기장 부산미용실	22
이별	23
물가에서	24
두드러기	25
명자 찾기	26
쑥처럼	27
소파	28
유목민	29
평택에 다시 돌아왔다	30
슬픔이라는 둑	31

2부

수제비	34
남한강 나루터에서	35
망할 꽃	36
찔레꽃	37
빈 자리	38
견인	39
수국	40
춘삼월	41
신목	42
꽃밥	43
그리움	44
도배를 마치고	45
분꽃	46
텃밭 일기	47
비치우드	48
엄마가 왔다	49
우연한 생각	50
무	51
악양 대봉감, 내 동생 선난이	52
악양	53

3부

아버지	56
유년	57
아버지, 화개	58
절골	59
새벽 의식	60
詩苑	61
장을 보러왔다가	62
산행	63
안개	64
벽	65
마음 찾기	66
꽃가루가 천지에 휘날리는 날	67
산책자	68
이사, 유감	69
지구인은 아프다	70
소나무야	71
고마운 사이	72
상상	73
나에게 당부한다	74
망초꽃	75

4부

말	78
도라지꽃 한 줌 안겨주고	79
무당벌레	80
한 순간에도	81
물처럼	82
누구도 다녀가지 않은 것처럼	83
유년 소묘	84
어쩌다 일본살이	86
일본살이 2	87
일본살이 3	88
일본살이 4	89
일본살이5 ― 단사리	90
일본살이 6 ― 미찌노에끼	91
사막의 끝에 강물이 흐른다	92
산책	93
책	94
골프, 공감	95
시여!	97
백두산 천지	98

해설 • 지난한 내력의 통점으로 되짚어내는
  사모곡思母曲, 또 사모곡思慕曲 • 권혁재   99

- **일러두기**

  페이지의 첫줄이 연과 연 사이의 띄어쓰기 줄에 해당할 경우 >로 표시합니다.

1부

간절곶

쉬 쉬 쉬 쉬
네발로 걸어가는 엄마
오줌을 뉘이고
토닥토닥 한숨도 받고
가까스로 허리를 세워
목욕도 하고
간절곶 어느 바닷가에서
기도를 하는 밤
아기가 되어가는 엄마
엄마의 엄마가 되어가는 나
쓸쓸한 어둠 속
파도가 문 앞까지 몸을 밀고 들어와
쉬 쉬 쉬 쉬
다정하게 보살펴주었다
산골에서 바다까지 흘러온 엄마
바다는 무덤덤하게 토닥거리고
간절곶은
밤새 엄마와 울먹거렸다
슬퍼서 울고 기뻐서 울었던
하룻밤 사이
엄마의 몸은 동그랗게 말려있었다

민들레

민들레는
바람을 메고 가는
탁발승이다

몸 안
우주를
섬기고

노란 멀미
뒤집어쓴 채
떠돌며 설법을 한다

황사

밤새
무거운
대륙이 건너왔다

너에게로
나에게로

눈을 뜨고도 우리는 서로 알아보지 못했다

노인 병동

시든 꽃들
진통제 맞고
기진한 채
잠들었다

아미타불
지장보살
제 몸처럼
껴안고

오도가도 못하고
구부러진
꽃들
숨결이 가파르다

고욤처럼

그냥 살아라
남보다
잘하지도 말고
못하지도 말고
중간만 해라
아홉 남매의 장남인
아버지가
자주 들려준 말
잘 자라지 못한
고욤처럼
무심한 듯
나에게 던져두고 떠난
바람 같은 말
있는 듯 없는 듯
그냥 살아라

길이 휘청거린다

소가 트럭에 실려간다
늙은 아비의 소농이 실려간다
흔들리며 서서 똥을 싸고
허벅지가 젖는 줄 모르고
연신 거품을 흘린다
길이 휘청거린다
축생의 길,
길들은 제 힘에 겨워서 휘청거린다
후생의 길을 따르듯
윤회의 속도를 느리게 굴절시키는
뒤 차들
한때
새끼의 젖은 몸을 말리던
모성의 숨소리도
적재함에 갇힌 아비의 소농도
뿌연 먼지 속으로 사라진다
길이 휘청거린다

불두화

무장 얼굴이 못데간다야야
다리도 무장 길어지고 안 낫고 말건 갑다
인자 남사시러 바깥도 못가겠다
이 사람 누고
사람이 와이리됐노

흔한 인사에도
부들부들 떠는 엄마의 손과 다리
약봉지에 적힌
아침 점심 저녁
공양하듯 정성스레 삼킨다

봄날
발가락만 꼼지락거리고
얼굴은 부어올라
땅에 닿을 것 같은
휘청거리는 불두화

전화

여가 어딘지 모르겠다
밤에 누가 나를 가둬놨다
힘이 좋은 녀석이다
네가 와서 나를 빼내라
안기부 기태한테 전화해서
빼달라고 해라
안 그러면 나 죽는다
너 지금 여기 와라
안 오면 후회한다

부드러운 목소리는 오간 데 없다
분노가 서렸다
혼자 말하고 울고 분노하고
전화를 끊는다
이마를 찧고 고꾸라져 잠이 든다
엄마는 거짓말을 하지 않는다
내가 알지 못하는 세계에 있을 뿐

노을

고맙습니다
미안합니다
사랑합니다

중환자실에서
아버지의 손을 잡았다
일생,
하지 못한 말을 해댔다
아버지의 손은
따뜻했다
눈빛으로
마지막 인사를 했다
붉은 노을
창문에서 가만히 바라보고
돌아갔다

구월

상사화가 피어났다
이승을 떠난 인연들
구월이 되면
안부를 전하려고 온다는데
어느 마을에선
상사화가 질 때까지
떡을 나누고
선한 말로 덕담을 하고
지상의 날들을 축복한다
쓸쓸한 마을
들길 언덕에도
어두운 처마에도
가도 가도 끝이 없는
붉은 사연들
하룻밤에도
천만번의 생이별이 오간다
구월,
붉은 연등을 달고
이승의 인연을 만나러 온다
꿈처럼

기장 부산미용실

뭐허러왔능교
여는 마 오다가다 들리는 방앗간아이가
머구이파리 천원치샀다
내사마 이런게 좋더라
세평 남짓 동네 할매들 놀이터
개나리 진달래 해바라기
시들지 않는 조화 만발하다
우리 엄마가 좋아하는 미용실
파마를 하다 쉬 마려운 엄마 위해
소리 없이 들이 밀어주는
둥근 휴지통
주인의 처방은 특효약이다
요양원에서 그렁그렁 찾아드는
우리 엄마
한결같이 예쁜 김혜자로 만들어주는
기장 부산미용실
아이고 우리 예쁜 아지매 오랜만에 왔네예
이 한마디 듣고 싶어서
악착같이 그곳을 찾아간다

이별

아픔도
이별도
아껴 아껴
이별을 준비했던 이가
차마
말을 못하고
별에게
다가갔다
삼천대천세계
별들은
밤마다 경전을
펼쳐놓았다

금강반야바라밀경

물가에서

소슬하게 지나가는 바람에게
부탁해야겠다
오종종 모여드는 양지의 언덕
맨발로 젖은 모래를 밟고
양심이 주저 없이 드러나는 물가에서
물의 기억을 간직한
나무의 사랑법을 배우고
피었다 지고
왔다가 가는
아름다운 소멸을 위해
일생
발목만 잡아달라고
부탁해야겠다

두드러기

누가 내 안에 있다
사랑한다고
너 밖에 없다고
나 몰래 자꾸자꾸
꽃을 심는다
하나가 피고
또 하나가 피고
술 먹지 마라
과식하지 마라
이것도 저것도
안돼
내 말 듣지 않으면
넌 못살아
누가 내 안에서
자꾸 꽃을 심는다
몸이 가렵다

명자 찾기

삼천포 용궁시장에서
명자를 찾는다
용궁의 안쪽을 향해 명자야 하고 부르니
시끌벅적한 저쪽에서 손을 흔든다
명자인 내가 명자를 찾는 일
막대사탕처럼 흔하다
질척한 용궁의 바닥
바다 곁에서 비릿한 여자가 산다
용궁의 여자는 씩씩하다
시시때때로 변하는 바다 곁에서
유연하게 살아남은 명자
물컹거리는 새벽을 좋아하고
어둠 속 바다를 서성거리며
거친 표정에도 놀라지 않는 덤덤한 용기
바닷가에 명자가 산다
산골의 명자가
받아 온 바다냄새 나는 명자의 마음
오늘 밤 제사상에는
용궁시장 신산한 기도를 올려놓는다
비릿한 용궁의 밥상
용궁에도 명자가 살고
앞집에도 옆집에도 이 땅 곳곳
유연한 명자가 살고 있다

쑥처럼

아무것도 아닌 나
아무 곳에나 잘 자라는

돌보지 않아도
굳건한 극빈의 생

시린 가슴 안쪽
새살이 돋는 지극한 순리

제발
비굴하지 않게 살아가라

소파

나는 버려졌다
함부로 다루던 주인은
노란 딱지 하나 붙여놓고
대문 앞에 던져 놓았다
길냥이들 오줌 지리고
아무나 발로 차고 짐짝 취급
평생 같이 할 것처럼
밤낮 뒹굴던 식구들도 보이지 않는다
세월 따라 사랑도 변한다더니
거들떠보지도 않는다
나는 버려졌다
추억마저도 짐이 되어
함부로 버려졌다
길에서 오래 머물렀다
헤진 나를
트럭이 와서 싣고갔다
야적장에 또 버려졌다
그래도 너는 믿을만하다고
구름이 어루만져주었다

유목민

별이 총총 빛난다
그을린 빵
구름을 따라
번뇌도 바람도
위로가 되는

노을처럼
잘 웃는다
얼기설기
이를 드러내며
별처럼
나에게 웃어 준다

평택에 다시 돌아왔다

배밭이 헐렸다
떠날 때 인사조차 못한
가로수 나무들도
제법 큰 어른이 되어있다
이방인들
뿌리째 뽑힌 배밭을 잊고
건조한 도시를 살아가고 있다

구부러진 길들은
찾기 힘들어졌다
어디선가
배꽃이 흩날릴 테지
아주 잠깐 꽃향기를 그리워할 테지
견고한 빌딩 사이로
낯선 고독이 몰려다닐 테지

평택에 다시 돌아왔다

슬픔이라는 둑

양지바른 언덕
꽃도 먼저 피고
마음도 먼저 닿는다

해가 지면
그늘의 시간
어둠에도 마음이 닿는다

울지 않고
그리워하면
한꺼번에 무너져터지는 둑

2부

수제비

수제비를 끓여놓고
엄마를 일으켜 세우는데
엄마가
스르르 흘러내렸다

엄마 엄마 엄마
엄마가 눈을 떴다
살. 았. 다.
불과 몇 걸음
생사가 엄마를 붙들고 있다

찰나
엄마는
푸른 바다를 보았단다
보고만 왔다는 엄마
다시
엄마의 외출은 금지되었다

남한강 나루터에서

강물은 연둣빛 무늬로 다가온다
바람이 서성거린다
강물 속에서
어머니의 숨소리가 들린다
무의식으로 눈을 떴다 감으며
나를 모른 체 한다
새들이 한꺼번에 날아오른다
저 강물
어머니의 표정과 닮았다
휘청 휘청
물의 방향으로 마음을 풀어놓으신
어머니,
퀭한 기색으로 골짜기를 내려와
하류로 젖어 들고 있다
버짐처럼 피어난 불면
강물 속에서 뒤척거린다
연둣빛 산천을 기척에 두고
나는 어머니의 맥박을 더듬는다
강물은 젖은 어머니를 내려놓으며
덥썩,
손을 잡는다

망할 꽃

왜 꽃은 쳐 피고 난리야
몸이 가렵구나
저 꽃은 늙지도 않는다니
지멋대로 피고 난리야

개나리 우물가에 사랑 찾는 개나리 처녀
흐엉흐엉
앉으나 서나 당신 생각 앉으나 서나 당신 생각
흐엉흐엉
고향이 그리워도 못가는 신세 저 하늘 저 산 아래
흐엉흐엉

간호사야 진통제 좀 놔라
꽃은 왜 쳐 펴서
나를 울리노
망할 꽃 같으니라고!

찔레꽃

온몸에 피멍이 돋아
밥을 먹지 못하는 엄마
꼭꼭 닫아놓은 방문을
낮달이 지켜주었다
찔레꽃 흐드러지게 피어서
말없이 병구완을 하고 있다
표정을 잃은 엄마처럼
밝지도 어둡지도 않은 모습으로
은은한 향기로
엄마 곁에 머물고 있다
퇴행의 걸음은 점점 빨라진다
새들의 인기척에도 놀라고
엄마는 자주 넘어진다
걸핏하면 피를 철철 흘리고
몸과 마음이 어긋나버린 날들
찔레꽃 가시를 벗겨내고
연둣빛 속살을 건네주던
다정했던 엄마
어둠 속에서 울고 있다
하얗게 번지는 찔레 가시를 늘리며
밤을 지키고 있다

빈 자리

꽃으로
바람으로
구름으로
어둠으로

명징하고 때론 부드럽게

어디에도 있다
어디에도 없다
엄마…

견인

도롯가에 세워둔 차가 없어졌다
장미꽃 담장에 홀로 두고
남겨놓은 흔적을 따라
달려갔다
여기 그대로 있어야 돼, 절대 어디 가면 안돼,

장미꽃 담장 아래 엄마가 시들어 있다
없어진 차를 찾아왔지만
엄마가 걱정이었다
아무도 모르게
데리고 갈까 봐
기장 바닷가에 꽁꽁 숨겨두기로 했다

엄마의 주인은 나니까 하늘에서 불러도
내 허락 없이는 절대
따.라.가.지.마.세.요.
잠 못드는 엄마를 위해
슬쩍슬쩍 손을 얹어주는 바다가 믿음직스러웠다
언제든지 만날 수 있을 것만 같았다

수국

엄마가 돌아왔다
붓기가 **빠진** 얼굴로
한주먹씩 약을 먹던 엄마가
약을 먹지 않아서 피부가 더 고와지고
옷차림도 상큼해졌다
자식들이 보고 싶어서 떠날 수 없다고
눈물짓던 엄마가
먼 길 가신 후에도
꿈에도 편지 한 장 없더니
유월 수국의 모습으로 내 앞에 나타났다
뭐든 하고 싶은 걸 해라
한 살이라도 젊을 때 해라
루주만 칠해도 온마을이 환했던
나의 엄마,
한결 밝은 모습으로 나에게 왔다
이 세상에 나를 만나기 이전의 모습으로
돌아간 것이 분명하다

춘삼월

춘삼월
여자들

흔한
열병을 앓는다
쑥은
몸을 깨운다
질펀한 사랑

봄볕에
여자들은 순해진다
바람난 여자는
쑥 냄새가 난다

신목

슬픈 내력 숨기고
절을 받는다
내밀한 바람 소리
신산한 나무의 주술
가까스로
말문을 텄으나
발설치 않는,
푸릇푸릇 살아나는 믿음들
묵직한 침묵
그늘은 깊다

나비와 장자로 북적거리는
회화마을 삼신당

꽃밥

꽃을 먹어요
포크로 집어서 먹어요
새콤달콤한 꽃
꽃으로 과식을 하고
꽃으로 과음도 하고
꽃은 사랑스럽지만
독도 있어요
가끔 유혹도 하지요
태양 비 바람
대지의 어둠까지
스며든 꽃
날마다
먹고 살아요

그리움

흙집 셋방
좁은 툇마루
습하고 어둔 방
그림자 누울 자리 없는 마당
사 남매는
콩나물 오뎅 반찬으로도
키가 잘 자랐다
빨래터에서 씻은 옷들
거짓 없이 하늘에 내다 걸었다
튀긴 통닭 두 마리를 안고
돌아오던 오빠의 월급날
흙집은 웃음으로 가득해지고
축복의 날처럼
사 남매는 자주 맑아졌다
흙집은 바람 소리를 내며
토닥토닥 희망을 부추겼다
어린 사 남매가 근심도 없이 머물던
창원시 북동 185번지

도배를 마치고

사람의 온기가 떠나면
방도 식는다
삶의 부스러기들
여기저기
먼지와 함께 나뒹군다

사람이 돌아오고
온기가 돌아오고
유채색 사랑을 그려놓고
다시
아름다운 생을 꿈꾼다

분꽃

씨앗이 구른다
제멋대로 구른다
뿌리는 알고 있을까
몸에서 나온 자리
이미 문이 닫혔다
집은 멀다
공중전화부스에서
끝자리를 누르지 못하고
돌아선다
햇빛 받을수록
몸은 더욱 쪼그라들고
모르는 사람 곁에 앉는다
분꽃 아래
흙에서 나온 개미들
툭툭
씨앗을 밀어낸다

텃밭 일기

감자는 감자끼리
아욱은 아욱끼리
텃밭은 푸르고 정갈하다
깨꽃 열무꽃 오이꽃 나비꽃
소근소근 피어나는 꽃들
엄마 몰래 눈물을 흘려도
다소곳이 가려주는 푸른 방
한숨이 노래가 되고
하늘 아래
홀로 기도하는 경건한 방
손등은 검게 늙어가고
부치지 않는 편지가
흙 속으로 스며든다
햇살과 바람이 스며들고
다시
생을 시작한다
흙에서 배운 것들로
일생 살아가고 있다

비치우드

꿈처럼 당도했다
예고된 것처럼
낡은 목조 지붕 넓은 마당
미국 낯선 땅에서 만난
꽃 한 송이 없는 허허로운 집
빈 도화지 같은 집
호미 하나로
그림을 그린다

잔디 씨 뿌리고
꽃씨를 뿌리고 텃밭도 가꾸고
땀 흘려 잡초를 뽑는다
새가 종일 재잘거리고
토끼와 다람쥐 나비
반딧불이 찾아온다
차를 마시고
김환기 에세이를 읽는다
적막한 나에게 꽃들이 왔다

엄마가 왔다

70살쯤의 모습으로
오후 3시가 되었고
시골의 마당으로 걸어들어오는 엄마를 위해
아버지는 음식을 준비하려고 부엌으로 갔다
아픈 엄마를 위해 나는
기쁜 마음으로 냄비를 집어들었다
냄비 속이 새카맣게 타 있다

비 오는 성탄절 꿈결에 만난
엄마와 아버지
시골의 앞마당과 돌담 부엌
모든 것이 그대로였는데

오래 엄마 곁에서 함께하려고 했는데
날마다 부처님께 기도하는 나를 위해
함께 와 준 내 부모가 눈물겹도록 고맙다
소리 없이 비는 내리고
보이지 않는 것은 보이는 것이라고
믿기로 했다
나의 부모가 걸어간 길을
순순히 따르기로 했다

우연한 생각

생각 없이 했던 말이
현실에 당도해 있다
몸은
상상을 하며 흘러왔던 것일까
동쪽과 서쪽
태풍과 고요를 오가며
중심을 잡아주고
가끔
불러 앉히고
귀도 막고
빗방울을 보게 한다
몸은
생각을 따라 흘러가고 있다

무

쌉싸름한 물기가 입안에 돌면
단맛도 신맛도 없는데
침이 고인다
애매모호한 생기 촉촉하게 적신다
아릿한 세상 맛
별것도 아닌 것이 몸을 일으킨다
흙에서 올라 온
길고 둥근 무
유연하게 자란 무
아무 맛이 나지 않아도
해와 달과 비 그리고 바람이 지나간
생생한 길
바람든 무도 쓸모있는
그런 두루뭉술한 생

악양 대봉감, 내 동생 선난이

산 그늘
따스하게 스며든
대봉감,
생의 마지막 풍경처럼
붉은 허공
생애가 온통 등불인 양

악양 산 중턱 미서마을
내 동생 선난이
떫은 맛 덜어내고
악양 들녘 소나무와
서러운 일 없이
섬진강 되어 흐르고 있다

악양

엄마를 보러 갔다

나 왔어
엄마…
엄마…

늦게 와서 미안하다고
엎드려 눈물을 흘려도
진짜로 대답이 없다

엄마…
갈게…

3부

아버지

논두렁 술병들
울퉁불퉁한
아버지의 인생길
푸른 통증들

고방에 쟁여놓은 술을 두고
어디를 가셨을까

어둠과 허공
어느 곳에도
보이지 않는다
어디서
술을 마시고 있을까

유년

아버지
술 자시고 돌아와
밥은 해놓았냐
네
소죽은 끓여놨고
아니요
솥단지 가져와라
뜨거운 밥을
모두
소에게 주었다
……

아버지, 화개

아버지는
산돼지가 묘를 파헤쳐놓았다는
연락을 받고
오래된 병환을 일으켜
화개를 들어섰다

파헤쳐진 무덤들
아버지는
무량의 햇살로
반듯하게 메워놓고
오래 머리숙였다

다시 밝아진 화개,
아버지는
느리게 느리게 걸어나왔다
이듬 해
매화가 눈뜰 때
화개의 땅으로
소리 없이 들어가셨다

절골

아버지
내 곁을 떠나시던 날
매화가
눈을 뜹니다
봄비가
꽃눈에 스며듭니다

절보다 더 깊은
절골
고요의 마을
태산보다 큰
아버지를
가볍게 받아 안았습니다

새벽 의식

아버지의 부재가 명확해졌다
새벽을 좋아한 아버지
밥보다 술을 더 사랑하고
허허로움을 달래고 살았던

새벽을 여는 발자국
고방 어둠 속 웅크리고 앉아
소리 없이 술을 마시고
다시 방문을 여는
아버지의 발걸음이 사라졌다

고요한 새벽
아버지 안부가 궁금하다
대숲 허공만 바라보던 뒷모습
무릉도원으로 들어가셨을까

詩苑

시원의 동산에서
해마다 그리움을 나눈다
허무하게 식어버린 사랑에 대해서
방황의 길들에 대해서
눈물겨운 배경을 찾아서
詩苑,
사철 바람이 분다
시의 풍경 하나 달아주려고
내 손을 잡아준다
못이기는 척
그냥
끌려가도 좋은 아름다운 동산
나를
소심하게 꺼내놓는다

장을 보러왔다가

쓸쓸함에 기댄 채
눈물겨울 일 없이
홀로
노닥노닥
구름은 잠시 어둡고
이대로
시름시름
빵 냄새가
커피 냄새가
속 깊은 정으로
토닥토닥
잠시
내 속으로 스며든다

산행

오십이 지난 여인들
관광차로 월간산행을 한다
정기적금 붓듯 도시락 싸고
술병도 싣고
쓸쓸한 나이를 잊으려고
천연색으로 몸을 가리고
울룩불룩 자신감으로
환희로 출렁거린다
두려움이 없어질 나이
내 나이가 어때서
확신에 찬 목소리가
차 안에서 폭발한다
땀을 흘리며
식물적인 향기를 찾아가는
획기적인 사랑법인가
한 달에 한 번 공식적인 일탈
산행을 핑계로 구설을 만들고
이름 모를 꽃들과 향유하는 시간
수만 갈래로 흘러가는
인연을 꿈꾼다
폐경의 여인들을 싣고
관광차는 산으로 들어간다

안개

예고도 없이
불쑥
내 영역을 침범하고
아무런
단서도 남기지 않고
암호를 해독하고
삼켜야 하는
눈을 뜨고도
보이지 않는
지리멸렬한
지독한 놀음

벽

마른 눈물
덤불 속 햇빛
새들의 표정
사랑의 체온
슬픔과 기쁨
벽은
모두 받는다
마주 보면 막막해지고
돌아서면
비로소
높은 하늘이 보인다
벽,
그에게 물어보지 않고
자주
못을 박는다
그에게 묻지도 않고
아무것이나
막
걸어놓는다

마음 찾기

나의 정원에 수천 가지 꽃이 피어 있다
지저귀는 새들 환한 꽃들 시끌벅적한 대지
가는 길 어디에도 순순히 내어놓은 구름
강물에 비친 붉은 노을 내 마음의 처소

꽃가루가 천지에 휘날리는 날

허드슨강을 뒤로하고
길을 떠난다
안녕
우리가 어느 꽃으로
다시
만날까
꽃가루가 천지를 휘날리는 날
바람에 맡긴 채
다시 길을 떠난다
비치우드,
미국인들만 사는 마을에
다소곳이 짐을 풀었다
토끼와 다람쥐 새들
마당에서 놀고 있었다

산책자

검은 허드슨 강가에서
외로움과 산다
뉴욕 황홀경을 마주하고도
내 안에 날마다 바람이 분다
개와 날마다 산책을 한다
낯선 땅
낯선 말
같은 길을 날마다 걷는다
검은 허드슨 강가에서
울컥울컥
나처럼
이 땅의 지구인들 토해내고 있다
생경한 시절 인연들
다시 떠나야 할 때가 왔다
안녕

이사, 유감

묵은 살림을 꺼내놓으면
헌 것과 새 것이 섞여 있다

이사를 한다는 것은
추억을 모두 옮기는 일이다

새것과 헌것이 끈질기게 나를
먹여 살리고 미래를 데려다 준다

눈물겹게 나를 먹여 살린 살림살이
하늘과 구름과 땅 그리고 허공

이사를 한다는 것은
그곳으로 바람이 불고 있다는 것이다

지구인은 아프다

바이러스는 종교가 없다
바이러스는 국경이 없다
바이러스는 인종 차별이 없다
어른 아이를 분별하지 않는다
보이지 않는 것들
지구인들 무차별로 공격한다
지구인은 아프다
너무 오래 몸살을 앓고 있다
신종의 복병 하나씩 달고
씩씩하게 살아간다

소나무야

소나무야
좋으나 싫으나
너는 한자리에서
살아가지

푸르게 푸르게

소나무야
네 곁에서
오래 살게 해주라
살아있는 나무야

고마운 사이

가을볕에 빛나는 예쁜 엄마 얼굴
네가 있어서 참 고맙다고
그렁그렁 붉어지던 엄마
어느새 내 안에 엄마의 몸짓이 묻어난다
크나큰 생을 살다간 엄마가
내 안에 따스한 불을 켜고
조근조근 내 몸을 보살펴주고 있다
엄마가 있어서 참 좋다 중얼거리면
외로움은 금세 사라지고 만다

상상

햇살이 귀하게 드나든다
씨앗들 흙 속에 숨겼다
바람이 자주 드나들었다
봄을 상상한다
튤립 수선화 데이지 수군대는
작은 새들도 아이들도 숲을 찾아들기를
곧 추위가 올 것이다
눈 맑은 꽃씨들
햇살 한 점 필사적으로 끌어안고
무사하게 돌아오기를
늦가을 꽃씨를 심는 것은
봄을 기다리는 일
등불 하나를 내 안에 거는 일이다

나에게 당부한다

내가 사람으로 살아가는 것은 온전히 내 것이 아니다
어디서 왔는지 어디로 가는지도 모르고 살고 있다
살아가는 일은 내가 나를 잘 보살피는 일이다
나에게 자꾸만 함부로 대한다
남에게 못하는 것을 나에게 퍼부어댄다
그러지 말아야지 진짜 그러지 말아야지
오늘 하루 나를 잘 보살피고 기쁘게 만들어줘야지
좋은 것도 버려야 한다* 는데
사람으로 사는 동안 나에게 바르게 살아야 한다고
날마다 깨워 줘야 한다
늙어 죽을 때까지

* 부처님 경전 중 한구절

망초꽃

소유하지 않아도
모두를 소유하는 연약한 풀
대지 끝까지
거침없이 달려가고
달려오는

오랜 세월 비굴하지 않고
아무 것도 바라지 않고
이 땅의 주인처럼
오직 생을 신뢰하는 자세로
풀이 꽃이 되는 이 순간

4부

말

내가 던진 말이 풀 속에 떨어졌다
내가 던진 말이 풀을 흔들었다
내가 던진 말로 꽃들이 쓰러졌다

오래 엎드려 살았다
아무도 오지 않았다
뿌리는 견고하게 살아남았다

잘못 배운 말을 거두고 싶을 때가 있다

도라지꽃 한 줌 안겨주고

불면을 털 듯
상큼한
도라지꽃 한 줌
나에게
안겨주고
먼 길 가셨지요

젖은 마음
햇살 쪽으로
살며시 돌려놓고
산으로
들로
나비처럼
살포시 떠나가셨지요

가신 길 따라
다시 도라지꽃 한창이군요
생애가 휘청거렸던
당신
참 맑았지요

무당벌레

다른 곳은 어떤지 모르겠어
여기 지구에는 모든 것이 꽤나 풍요로워*

추운 겨울
새벽 네 시
주황색 둥근 쉼표
느리게
나에게로 왔다

* 쉼보르카의 시 「여기」에서 인용

한 순간에도

한 순간에도 고비가 아니었던 적 없다
한 순간에도 꽃이 아닌 적 없다
한 순간의 눈물이 생을 밀고 나간다
한 순간에도 난 엄마를 잊은 적 없다

물처럼

흘렀다
길이 없으면
오래 머물렀다
비가 올 때는
흙탕물로

쓸쓸해지지 않으려고
타인에게 기대고
해가 뜨면 해에게
달이 뜨면 달에게

결코
우기지 않기로 했다

누구도 다녀가지 않은 것처럼

구름을 만나는 일
쓸쓸함에 기대는 일
바람에 실려 가는 일
생각을 흘려보내는 일
앉았다 떠난 자리
서늘한 감촉
꽃길을 서성거리는 일
누군가
떠난
그 자리를 배회하는

누구도 다녀가지 않은 것처럼

유년 소묘

산마을 아이들
소를 몰고
정기나무 그늘에 모여들었다
친구들이 다 모일 때까지
그늘에서 그냥 노닥거렸다
산그늘을 따라 소를 잡고
한 줄로 서서
깊은 산 속으로 들어갔다
산속 가장 높은 바위는 아이들 놀이터
산에 소를 풀어놓고
망을 보았다
섬바구라고 불리는 그곳
하늘과 구름과 산이 나란히 살고
단열매가 지천으로 열려서
허기를 달래주었다
산그늘 마을로 내려올 때쯤
덩치 큰 소는 갑자기 내달렸다
소를 놓친 아이는 울며불며
집으로 돌아왔을 때
외양간에서 큰 눈을 끔뻑이며
능청스럽게 소죽을 먹고 있었다
재목 목록 1호인 재산을

어린아이에게 맡겨놓은 산마을 부모들
말 못하는 소가
태산처럼 듬직했다
소죽을 퍼주고 소죽솥에 발을 담그면
마당 가득 별들이 흘러내렸다

어쩌다 일본살이

스며든다는 것
길 바람 풀꽃 그리고 사람
외로움 속으로
속절없이 스며든다

그 안에서 내가 더 잘 보인다

노을에도
비에도
구름이 붉은 연서로 불러내면
맨발로 달려 나간다

일본살이 2

예고도 없이 들이닥친다
견고하다고 믿었던 것들이
대책 없이 흔들린다
나는 고작
소파의 다리를 끌어안거나
식탁 밑에 숨는다
온몸에 불안이 돋는다
지병처럼 안고 살아가는 현지인들
사뭇 진지하다
신은 결코 자신들을 버리지 않는다고
운명 앞에서 애써 담담하다
불안의 땅에서
하루하루 살아낸다는 것
길을 걸을 때도 잠을 잘 때도
숭고한 운명을 생각한다
하지만 내 몸은
몰려오는 먹구름에도 민감해진다
흔들리는 땅에서
바다에서 산에서
일순간
운명 앞에 엎드릴지도 모른다

일본살이 3

동백꽃이 한창인 바닷가
주말에 남편을 따라 테니스장에 갔다
피크닉 가방과 개 두마리와 함께
내가 동백꽃과 노는 동안
이미 테니스는 끝나 있었다
피크닉 가방과 남편이 덩그마니
남아있었다
정해진 시간 정해진 사람이 만나
열심히 운동을 하고
챙겨간 음료와 다과 한 조각 먹지 않고
사뿐히 헤어져 버렸다
그들만의 방식에서 소외된 우리 둘
그냥 웃었다
이게 아닌데
운동 조금 하고 어쩌다
막걸리도 한잔하고
이런 게 우리네 방식인데
뒤도 돌아보지 않고
쿨한 헤어짐
우리는 아직
쌓아놓은 인연이 없기 때문일까
놀이치고는 너무 건조한 만남
동백꽃이 우릴 보고 웃었다

일본살이 4

일본의 집들
일 년 내내
커튼이 내려져 있다
집안의 내밀한 기도
위패와 꽃등을 세우고
웃음이 새어나지 않도록
울음이 번지지 않도록
오래 침묵한다
흰구름도 먹구름도
지나는 바람도 들추지 않는
커튼으로 봉인된 세계
무표정한 집들
담담한 속내
무채색 사랑

일본살이 5
— 단사리

끊어라
비워라
멀어져라

내일 죽어도 좋다

오늘
생의 전부다
설레는 것들
곁에 두고 살아라

쓰나미로
목숨을 부지하고
돌아온 이가
나에게 가르쳐 준
인생공부

일본살이 6
― 미찌노에끼

길 위에 역이 있다
이곳은 사철 분주하다
땅에서 바다에서 산에서
거친 새벽 노역으로
역은 생생한 것들로 쌓여간다
단맛 쓴맛 신맛 비릿한 맛
사철 싱싱한 길의 역
마을과 마을이 모이고
사람과 사람이 만나고
바람의 냄새로 들썩거린다
바다의 소식이 그곳에 있다
채마밭 손길이 다정하게 전해진다
흰머리 여인들이 안부를 묻고
풋풋한 미소로 돌아가는 곳
저장한 것들 모두 팔려나가고
향기가 없는 그늘이 모여있다
가계의 풍속은
길을 따라 흘러다닌다
다시 생을 부추기고
여분의 희망을 골고루 나눠주고
역은 비어서 홀가분하다

사막의 끝에 강물이 흐른다

강의 체온으로
새가 되어
춤을 추고
풀잎처럼 살아나는
유목민들

모래바람을 뒤집어쓰고
황무지 달처럼
숨을 쉬고
춤을 추는
찬란한 극빈자들

사막의 끝에 강물이 흐른다

산책

늙은 개가
앞장을 서고
노인이 뒤를
느리게
느리게
개 끈을 움켜진 채
골목길
조각난 햇살을
천천히 받아 삼키며
걷고 있다

책

책은 든든한 내 편
사랑을 배우고
아이를 키우고
상처를 꿰매고
외로움과 동무하고
울음도 덮어주고
책에서 전쟁을 목격하고
죽음도 만나고
책과 밥을 먹고 용변도 보고
책이 시키는 대로
책이 충고하는 대로
책을 사랑하지 않아도
책을 버려도 살아가는 법을
책에서 배운다

어떤 선사가 남긴 말
책을 덮어야 길을 나서지
아뿔싸

골프, 공감

작은 공 하나가
수천 사람들을 움직인다
가만히 놓여있는
공 하나가
수천 가지 생각을 불러온다
주인은 바로 나
꿈의 깃발이 보인다
이리저리 옮기다가
홀에 직접 넣어야 한다
누구를 탓할 수 없다
아름다운 인생, 풍요로운 땅
내가 주인공이다
동반자도 그곳을 향해 간다
꽃들 흩날리고
때로 눈비에 젖고
땀 흘리며 그 길을 간다
모두가 제 길을 묵묵히 간다
공을 찾아서
숲을 헤매고
다시 몸을 추스려 걸어간다
가만히 있는 마음이
불쑥불쑥 튀어나간다

어디에도 보이지 않는 내 마음
오랜 방황을 하다가
잃어버린 곳에서
다시 시작한다
군중 속에서 혼자 가야한다
나는 주인공이다
내가 가야 할 곳이
빤히 보인다

시여!

아기 손을 잡으러하자
시여시여!
넘어질 듯 말 듯
시여시여!
삐딱삐딱 날개를 퍼득거린다
무언가를 보고
한쪽으로만 달린다
시여시여!
혼자 날아보려고 푸드득거린다
시여시여!

아기처럼
갈팡질팡 걷도는
나의 시여!

백두산 천지

가까스로 닿았다

등고선마다 검은 눈물이 딱딱하다
얼어붙은 절벽 키 작은 꽃들
견고한 구름의 제방을 뚫고
천지의 본색이 드러나는 순간이다

크나큰 하늘 눈물샘*

아무도 모르게 숨어 사는 천지
고산을 건너가는 비와 바람
극도의 비장함으로 천지를 엄호하는
백두산, 심오한 팔만경전

* 정채봉 시인이 백두산을 두고 한 말

해설

지난한 내력의 통점으로 되짚어내는
사모곡思母曲, 또 사모곡思慕曲

권혁재 시인

지난한 내력의 통점으로 되짚어내는 사모곡思母曲, 또 사모곡思慕曲

권혁재 시인

1.

　금번 상재한 이명자 시인의 첫 시집 『누가 내 안에서 자꾸 꽃을 심는다』는 유년 시절부터 지금까지 그간 살아온 신산한 내력이 엿보이고 그 자신에게는 통점을 되짚는 존재의 시간들로 가득차 있다. 시세계를 이끌고 버티는 몇 개의 중심축이 있는데, 그 중에서 가장 큰 축을 이루고 있는 하나는 부모를 향한 애틋한 회한이나 사모곡으로 주제를 이루고 있다는 사실이다. 특히 어머니를 그리워하는 이명자 시인은 스스로 "엄마의 엄마가 되어가는 나"(「간절곶」)라고 하여 병든 엄마를 "아기가 되어가는 엄마"로 대비시켜 어머니를 향한 사랑을 극적으로 확장시켜 놓는다. 두 번째 축으로는 삶의 방식과 환경에 적응해나가는 노마드의 형식을 취하고 있는 작품이 나타난다는 것이다. 이것은 이명자 시인이 부군의 직업 특성상 일본에서 5년,

미국에서 3년간 외국 출장 생활에서 기인한 외로움이나 유목민처럼 떠돌며 새로운 환경에 적응해나가는 형식을 자기 존재의 탐색으로 받아들인 결과이기도 하다. 마지막 축으로는 있으면서 없다는 것이나 없으면서 있다는 철학적인 사유를 자기 존재 확인과 결부시켜 화자를 페르소나로 승화시키고 있다는 점이다.

  이명자 시인은 부모를 향한 사모곡을 밑바탕으로 하여 여러 가지 크고 작은 서사를 첨가하여 그만의 서정을 구축해내었다. 많은 서사의 근원지는 이명자 시인이 삶을 살아온 지난한 내력의 흔적에 있다. 이러한 내력의 흔적은 서로 유기적으로 작용하여 이명자 시인에게는 자성과 통찰을 갖게 해줄 뿐만 아니라 통점을 되짚게 하는 고통을 동시에 주기도 한다. 이를테면 "간절곶, 민들레, 황사, 노인 병동, 고욤, 휘청거리는 길, 불두화, 전화, 기장 부산미용실, 두드러기" 등의 대상에서 사유를 확장하여 애틋하고 신산한 정한으로 통점을 짚어낸다. 그의 시는 상처받은 과거의 사건이나 한 장소에 국한되지 않고 현실에서의 과거를 부정하거나 서사에 등장하는 인물들을 원망하는 것이 아닌, 항상 그것들로부터 극복하여 희망으로 나가려는 강한 의지를 지닌다. 그러면서 다른 일면으로는 그의 시작업은 그에게서 시작하여 결국은 그에게로 회귀하여 스스로를 성찰하려는 강한 태도를 견지한다.

    그냥 살아라
    남보다
    잘하지도 말고

    못하지도 말고
    중간만 해라
    아홉 남매의 장남인
    아버지가
    자주 들려준 말
    잘 자라지 못한
    고욤처럼
    무심한 듯
    나에게 던져두고 떠난
    바람 같은 말
    있는 듯 없는 듯
    그냥 살아라
    ―「고욤처럼」 전문

 위 시에서 나타나듯 "그냥 살아라/ 남보다/ 잘하지도 말고/ 못하지도 말고/ 중간만 해라"며 "아홉 남매의 장남인/ 아버지가" 자주 들려준 말은 아버지로부터 비롯되나 의식의 흐름은 이명자 시인에게서 시작되고 있음을 알 수 있다. 아버지의 말과 화자 자신의 사이에 고욤이 등장하는데, 고욤은 서정과 서사의 등가성을 동시에 갖춘 매개체로서 시적 효과를 잘 나타낸 대상물이다. 고욤은 감나무과에 속하는 식물로 열매는 감에 비해 애처로울 정도로 작고 추위를 많이 탄다. 제대로 익은 고욤 열매는 심하게 떫지 않고 먹을만하지만 그렇지 않은 고욤은 떫고 작아서 눈에 잘 띄지 않는다. 늦가을날 바람에 흔들리며 나뭇가지에 붙어 있는 고욤은 있는 듯 없는 듯 보이기도 한다.

아버지가 화자에게 자주 들려준 말은 있는 듯 없는 듯 보이는 고욤 같은 처지의 삶과 다를 바 없다. "잘하지도 말고/ 못하지도 말고", "있는 듯 없는 듯/ 그냥 살아라"는 아버지의 고욤 나뭇가지 흔드는 "바람 같은 말"은 이명자 시인에게는 자성에서 성찰을 유도하는 촉매로 작용한다. 또 「두드러기」에서는 "누가 내 안에 있다/ 사랑한다고/ 너 밖에 없다고/ 나 몰래 자꾸자꾸/ 꽃을 심는다"로 끝을 맺는 장면에서 화자가 "두드러기"를 통해 파악해내는 존재론적 모습도 볼 수 있다. 그러나 사실 이것은 두드러기의 특징인 외형적인 장면을 지적했을 뿐, 그 내면의 시적 진실은 "나 몰래 자꾸자꾸/ 꽃을 심는다"거나 "누가 내 안에서/ 자꾸 꽃을 심는다"에서 보이는 사유의 폭을 획득해낸 점에 주목할 필요가 있다는 것이다.

  이명자 시인의 시가 지니는 특징 중의 하나가 시의 전개 과정에 나타나는 서사의 방식이 능동에 있지 않고 수동에 있다는 점이다. 이것은 파울 첼란이 말한 주체적 능동성이 아닌 극한의 수동성으로 기꺼이 자신을 자학하고 학대하면서 과거의 고통을 분출해내는 형식을 취한다는 점에서 고무적이다. 작품 「전화」가 그 좋은 예가 된다. "안 그러면 나 죽는다/ 너 지금 여기 와라/ 안 오면 후회한다"고 병든 어머니가 외치는 목소리는 부드럽지 않고 분노로 가득하다. "혼자 말하고 혼자 분노하"는 어머니에 비해 화자는 자학할 정도로 냉철하게 "엄마는 거짓말을 하지 않는다/ 내가 알지 못하는 세계에 있을 뿐"이라고 말한다. 울음 없는 침묵의 자학이 더 모질고 고통스러움을 이명자 시인은 잘 알고 있으면서도 스스로 그 길을 선택하여 자신이 알지 못하는 세계를 받아들인다. 그는 환경을 탓하거나 누구를 원망하거나 대상을 부정하지 않고 혼자 자학함으로써 상황을 과거분사로 표출해낸다. 그래서 그에게 시는 쓴 게 아니라 쓰여지는 것이고 읽는 게 아니라 읽혀지는 것이다. "엄마는 거짓말을 하지 않는다"와 "엄마는 참말을 한다"로 읽혀지듯 말이다.

    쉬 쉬 쉬 쉬
    네발로 걸어가는 엄마
    오줌을 뉘이고
    토닥토닥 한숨도 받고
    가까스로 허리를 세워
    목욕도 하고
    간절곶 어느 바닷가에서
    기도를 하는 밤
    아기가 되어가는 엄마
    엄마의 엄마가 되어가는 나
    쓸쓸한 어둠 속
    파도가 문 앞까지 몸을 밀고 들어와
    쉬 쉬 쉬 쉬
    다정하게 보살펴주었다
    산골에서 바다까지 흘러온 엄마
    바다는 무덤덤하게 토닥거리고
    간절곶은
    밤새 엄마와 울먹거렸다
    슬퍼서 울고 기뻐서 울었던

하룻밤 사이
엄마의 몸은 동그랗게 말려있었다
―「간절곶」 전문

위 시는 『누가 내 안에서 자꾸 꽃을 심는다』 시집을 이루는 작품 중에서 대표작이라 할 만큼 뛰어난 작품세계를 나타낸다. 그래서 시집을 여는 프롤로그의 작품일 수도 이명자 시인의 안타깝고 간절한 것이 응축되어 고스란히 드러난 작품일 수도 있다. 간절곶은 기장군에 있는 일출을 볼 수 있는 명소이다. 그러면서 이명자 시인의 어머니가 계신 요양원이 있는 곳이기도 하다. 아마 화자도 일출을 보면서 어머니의 건강회복과 가족의 안녕에 대해 기도를 한 번쯤 했을 거라고 여겨진다. 그런 기도를 애틋하게 바라는 곳에 몸이 불편한 어머니가 있다. "네발로 기어가는 엄마"가 "아기가 되어가는" 반면에 화자는 "엄마의 엄마가 되어"간다. 엄마의 완쾌를 위해 "간절곶 어느 바닷가에서/ 기도를 하는 밤"에 "파도가 문 앞까지 몸을 밀고 들어와/ 쉬 쉬 쉬 쉬" 파도 소리를 내며 생리현상을 잠재우고 "무덤덤하게" 토닥거린다. 너무 간절하면 다 이루어질 것 같은 "간절곶"에서 화자는 "밤새 엄마와 울먹"거린다. 하동군 악양면 산골에서 간절곶 바다까지 흘러온 엄마의 내력은 "하룻밤 사이"에 "몸은 동그랗게" 말려 있다. 시간이 단절된 것 같은 엄마와 화자의 간절곶은 간절함만 간절히 남아 있는 곳으로 "아기가 되어가는 엄마"와 "엄마의 엄마가 되어가는" 화자가 "산골에서 바다까지" 이르게 된 내력을 되짚어 보는 "간절곶"이기도 하다. 이외에도 「노인

볕동」,「전화」,「기장 부산미용실」,「수국」,「고마운 사이」 등에서도 엄마를 향한 그리움이나 회한이 잘 드러난다.

2.

  이제 본격적으로 이명자 시인의 시를 이루고 있는 어머니와 아버지에 대한 그리움이나 회한을 지적해내는 작품들을 살펴보자. 이명자 시인에게 어머니는 단순히 화자를 낳고 길러준 대상이 아니다. 어머니는 "사람이 돌아오고/ 온기가 돌아오"(「도배를 마치고」)게 하는 절대적인 사랑의 힘을 가진 존재자요, 용서하고 포용하는 사람인 것이다. "꽃으로/ 바람으로/ 구름으로/ 어둠으로" "어디에도 있다"가 "어디에도 없"(「빈 자리」)는 애틋한 사모곡으로만 "빈 자리"를 지키고 있는 어머니라는 대상. 이명자는 그런 어머니를 "바람 든 무도 쓸모있는/ 그런 두루뭉술한 생"(「무」)을 살다간 가슴 아픈 어머니로, 또는 "보이지 않는 것은 보이는 것이라고 믿기도" 하는 대상으로 여기면서 "부모가 걸어간 길을 순순히 따르기로"(「엄마가 왔다」) 하며 어머니에 대한 그리움을 솔직하고 일관되게 유지한다. 그러면서 더 나아가 "엄마가 돌아왔다" 하면서 "수국"으로 현신한 어머니를 "나를 만나기 이전의 모습으로/ 돌아간 것이 분명하다"고 단정 짓는다. 여기서 이명자 시인이 어머니를 그리워하는 진정한 정서나 애끓는 서정을 잘 엿볼 수 있다. "어디에도 없다"가 "어디에도 있다"라고 하며 불현듯 떠오르는 어머니에 대한 하염없는 그리움은 「춘삼월」의 "쑥

냄새"나 「신목」의 "살아나는 믿음"에서도 잘 드러난다.

 어쩔 수 없이 어머니로 향한 회한은 "상상을 하며 현실에 당도해 있는"(「우연한 생각」) 우연한 생각이거나 "생의 마지막 풍경처럼/ 붉은 허공/ 생애가 온통"(「악양 대봉감, 내 동생 선난이」) 떫은 맛 또는 서러운 일들을 마주할 때마다 자주 떠올라 섬진강가에 앉아 가만히 회상하기도 한다. 화자에게 각인된 어머니의 이미지들은 화자를 환기시키고 자성과 통찰하게 하여 어머니에 대한 육화된 감정이나 정서를 여과지로 맑게 걸러내는 작용을 해준다. 이를테면 어머니로 대체되는 "수국"이나 "빈 자리" 또는 "찔레꽃, 망할 꽃, 텃밭, 무, 견인" 등에서 화자는 과거만 보지 않고 미래지향적인 시선으로 긍정과 희망적인 요소를 더 많이 지니고 있음을 짐작하게 해준다. 이명자 시인이 자서에서 "나는 엄마가 산 그 길을 순순히 따라가며 엄마가 가르쳐 준 인생을 살고 있다"라고 밝혔듯이 시작품 「텃밭 일기」에서도 "다시/ 생을 시작한다/ 흙에서 배운 것들로/ 일생을 살아가고 있다"는 그 자신의 각오와 희망이 고스란히 녹아 있음을 알 수 있다.

  온몸에 피멍이 돋아
  밥을 먹지 못하는 엄마
  꼭꼭 닫아놓은 방문을
  낮달이 지켜주었다
  찔레꽃 흐드러지게 피어서
  말없이 병구완을 하고 있다
  표정을 잃은 엄마처럼

밝지도 어둡지도 않은 모습으로
은은한 향기로
엄마 곁에 머물고 있다
퇴행의 걸음은 점점 빨라진다
새들의 인기척에도 놀라고
엄마는 자주 넘어진다
걸핏하면 피를 철철 흘리고
몸과 마음이 어긋나버린 날들
찔레꽃 가시를 벗겨내고
연둣빛 속살을 건네주던
다정했던 엄마
어둠 속에서 울고 있다
하얗게 번지는 찔레 가시를 늘리며
밤을 지키고 있다
─「찔레꽃」 전문

 위 작품은 이명자 시인이 아픈 어머니를 사실적으로 바라보는 심정을 잘 나타낸 작품이다. "온몸에 돋은 피멍, 표정을 잃은 엄마, 빨라지는 퇴행의 걸음, 자주 넘어지는 엄마" 등에서 어머니의 상태가 심각하다는 것을 느끼게 해준다. 몸이 불편한 엄마와 화자 사이에는 찔레꽃이 흐드러지게 피어 있다. "밥을 먹지 못하는 엄마"를 말없이 병구완을 하는 화자는 "밝지도 어둡지도 않은 모습으로/ 은은한 향기로" 엄마 곁에서 병구완을 한다. 주위의 인기척에 놀라 자주 넘어지는 엄마를 위해 "몸과 마음이 어긋나버린 날들"을 대신해서 "찔레꽃 가시를 벗겨내고/ 연둣빛 속살을 건네주던/ 다정했던 엄마"를 떠올린다. 예전의 화사하게 웃던 엄마는 이제는 없다. 젊으면서 고운 찔레꽃 같은 예쁜 엄마는 "퇴행의 걸음"으로 자주 넘어지고 온몸에 피멍이 들어 "어둠 속에서 울고 있다." "찔레꽃 벗겨내고/ 연둣빛 속살을 건네주던/ 다정했던 엄마"는 "꼭꼭 닫아놓은 방문"에 갇혀 "몸과 마음이 어긋나버린 날들"로 보낸다. 그런 엄마를 화자는 "찔레꽃 흐드러지게 피어서/ 말없이 병구완을" 해주고 찔레꽃 가시를 벗겨 속살을 건네주던 다정한 "엄마"를 그리워 한다. 찔레꽃에서 다정한 엄마를 등가시키는 이명자 시인의 시적 기교는 아픈 엄마에 대한 서정과 서사를 동시에 교직적으로 엮어낸다는 점에서 참신함이 있어 보인다. 「망할 꽃」, 「수국」, 「견인」도 유사한 내용으로 엄마에 대한 그리움이나 안타까움을 사실적으로 잘 획득해낸다.

　이명자 시인에게 어머니는 "수제비를 끓여놓고/ 엄마를 일으켜 세우는데/ 엄마가/ 스르르 흘러내"(「수제비」)리는 대상자로 표현하여 미끌미끌한 "수제비"와 "엄마"를 등가성을 이루는 대상으로 추적하여 생사를 넘나들던 엄마를 애처롭게 그려낸다. 이런 반면에 아버지는 "아버지의 인생길"이 "푸른 통증들"로 가득 차 있고 "고방에 쟁여놓은 술"로 대변되거나 언제나 논일 볼 때 마시는 "논두렁 술병들"로도 변주되기도 한다. 아버지의 부재는 "어둠과 허공/ 어느 곳에도/ 보이지 않는다".(「아버지」) 그럼에도 화자는 아버지의 부재에 대해 극도로 불안해하거나 염려하지 않는다. 아버지의 부재는 어둠도 허공도 아닌 어느 곳에도 보이지 않는다고 하면서 논두렁과 고방 사이에 있는 아버지의 인생길 속에 있다고 짐작하기 때문에 크게 걱정하지 않는 것이다. 아버지의 울퉁불퉁한 인생길 어느 한 지점에서 삶의 고단함을 잊고자 술을 마시고 있음을 화자는 많이 보아왔기 때문에 아버지를 걱정하지 않는다. 이명자 시인에게 엄마나 아버지는 그의 눈 속에 있는 것이 아니라 항상 마음 속에 있다. 그래서 부모를 대하는 이명자 시인의 심성은 부정적이지 않고 원망적이지 않게 시작품을 이루어내는 데 있어 그의 따뜻한 면모를 볼 수 있다.

  아버지의 부재가 명확해졌다
  새벽을 좋아한 아버지
  밥보다 술을 더 사랑하고
  허허로움을 달래고 살았던

  새벽을 여는 발자국
  고방 어둠 속 웅크리고 앉아
  소리 없이 술을 마시고
  다시 방문을 여는
  아버지의 발걸음이 사라졌다

  고요한 새벽
  아버지 안부가 궁금하다
  대숲 허공만 바라보던 뒷모습
  무릉도원으로 들어가셨을까
  ―「새벽 의식」 전문

위 시는 실제로 아버지의 부재를 실감하며 아버지에 대한 회한을 안쓰럽게 드러낸 작품이다. 이명자 시인은 그의 시 「아버지, 화개」나 「절골」에서 "매화가 눈뜰 때/ 화개의 땅으로" 아버지가 소리 없이 들어가자 절골은 "태산보다 큰 아버지를 가볍게 받아 안았다"고 하여 아버지가 세상을 버리고 화개의 땅으로 들어갔다고 실질적으로 표현한 바가 있다. 그래서 여기서도 그것을 증명이라도 하듯이 "아버지의 부재가 명확해졌다"고 하며 단정을 한다. 새벽을 좋아하는 것보다는 새벽일을 좋아하셨던 아버지. 그런 아버지가 술을 사랑하고 새벽을 여는 발자국으로 고방 어둠 속에 웅크리고 앉아 술을 마시고 방문을 여는 아버지였는데, 그런 아버지의 발걸음이 사라졌다 한다.

새벽을 좋아하는 아버지가 헤쳐대는 부산한 새벽은 아버지의 부재에 더욱 고요한 새벽이 된다. 그 고요한 새벽이 주는 정적의 순간에 화자는 아버지의 안부가 궁금하다고 한다. 논두렁이나 밭두렁으로 점철된 아버지의 불편한 인생길이 아닌 어둠과 허공이 없는 아버지의 부재로 인해 새벽이 더욱 고요한 정적 속에서 무릉도원으로 들어갔을까 하는 경건한 새벽 의식을 이명자 시인은 아버지를 대신하여 안부 겸 의식으로 정중히 하고 있다.

이외에도 이명자 시인에 대한 감각이나 도저한 다른 일면을 볼 수 있는 작품들이 많다. 「산행」에서 "식물적인 향기를 찾아가는 획기적인 사랑법인가"라는 부분과 "폐경의 여인을 싣고/ 관광차는 산으로 들어간다"는 도저한 표현에서 이명자 시인의 다른 면목을 발견할 수 있다. 또 「벽」이라는 시에서는 "벽"은 대상들이 들어오는 벽이 아니라 화자 스스로 세워놓은 심리적 저지선으로 "벽은 모두 받는다" 하여 모두를 수용하는 것으로 표현하기도 한다. 이러한 데에는 "솥단지를 가져와라"해서 "뜨거운 밥을/ 모두/ 소에게 주"(「유년」)는 아버지의 담대함이나 "네가 있어서 참 고맙다고/ 그렁그렁 붉어지던" 엄마의 여성성을 밑바탕으로 시의 층위를 이루어낸 결과의 산물일 것이다.

3.

이명자 시인은 일본 나고야에서 5년, 미국 비치우드 쪽에서 3년간의 외국 생활을 한다. "예고도 없이 들이닥치"(「일본살이 2」)는 지진 상황에서 "지병처럼 안고 살아가는 현지인들"의 생생한 모습을 직접 목격하기도 하고 "미국 낯선 땅에서 만난/ 꽃 한 송이 없는 허허로운 집"에서는 "김환기 에세이를"(「비치우드」) 읽으며 적막한 화자에게 오는 꽃들을 바라본다. 이명자 시인에게 거듭된 이사는 번거롭고 불편한 일거리가 아니라 "새것과 헌것이 끈질기게 나를/ 먹여 살리고 미래를 데려다"주는 일상적인 자연현상으로 희망과 꿈이 내재 되어있는 실제의 생활양식의 한 부분이자 체형을 바꾸는 행위에 불과하다. 그래서 이명자 시인 스스로도 "이사를 한다는 것은/ 그곳으로 바람이 불고 있다는 것"(「이사, 유감」)으로 인식하여 "바람"에 대한 희망적인 기대를 기저에 깔아놓고 있다.

질 들뢰즈에 의하면 노마드는 특정한 가치와 삶의 방식에 얽매이지 않고 끊임없이 자기자신을 바꾸어 나가며 창

조적으로 사는 인간형을 의미한다고 하였다. 이명자 시인이 질 들뢰즈의 말을 의식했든 안했든 간에 그의 작품 몇몇에서 보이는 노마드는 "꽃으로/ 바람으로/ 구름으로/ 어둠으로// 명징하고 때론 부드럽게"(「빈 자리」) "쓸쓸해지지 않으려고/ 타인에게 기대"어 자기 존재와 부재에 대한 물음을 계속하여 왔다. 안으로 파고드는 곳과 밖으로 나가는 것에 대한 기준을 세울 때, 이명자 시인의 시는 "한 순간의 눈물이 생을 밀고 나"(「한 순간에도」)가듯 대상의 존재를 파악하고 인식해낸 존재에 대한 시를 획득해낸다. 그 대표적인 작품이 「누구도 다녀가지 않은 것처럼」이다.

구름을 만나는 일
쓸쓸함에 기대는 일
바람에 실려 가는 일
생각을 흘려보내는 일
앉았다 떠난 자리
서늘한 감촉
꽃길을 서성거리는 일
누군가
떠난
그 자리를 배회하는

누구도 다녀가지 않은 것처럼
— 「누구도 다녀가지 않은 것처럼」 전문

실비 제르맹의 『페르소나주』에 의하면 대상들은 누군가

이면서도 누구도 아닐 수가 있다고 한다. 그 대상들은 어디에 있는지, 왜 오는지, 어떻게 해서 오는지 아무도 모른다고 한다. 우리가 시를 쓸 때, 시를 제대로 쓰지 못하는 것은 시라고 하는 것이 시가 되지 못하고 쉴새 없이 망각되고 재생되어 내려온 시어들을 미리 예측하기 때문이다. 그러나 이 시어와 대상들을 다시 챙겨 인내심을 가지고 시를 창작하게 되면 비로소 시는 발화된다고 한다. 이명자 시인의 시도 실비 제르맹이 말한 것처럼 시의 대상들이 대상이면서 대상이 아닐 때가 있다. 시에서는 분명 "구름, 쓸쓸함, 바람, 생각, 자리, 꽃길" 등 대상이 나타나는데, "누군가"의 주체가 "누구도 데려가지 않은 것"으로 자기부정을 한다. 그러나 이명자 시인의 시의 장치나 덫은 교묘하거나 어렵지 않게 "누군가/ 떠난/ 그 자리를 배회"하는 데서 덜미를 잡히고 만다. 그 배회의 페르소나주는 앞에서 지적한 "구름, 쓸쓸함, 바람, 생각, 꽃길" 등이다. 화자는 단순히 그런 페르소나주를 스치듯 보는 게 아니라 일종의 의식적으로 목도하게 되는 "일"이라고 본다. 그 "일"과 "일" 사이에 존재의 흐름은 "누군가/ 떠난/ 그 자리를 배회하는" 화자 자신의 존재의 시간이고 "일"을 하게 되는 행위의 주체이기도 하다. 이명자 시인에게 이런 일련의 행위는 망각되고 재생을 거듭하면서 "누구도 다녀가지 않은 것처럼" 자연스럽게 지나간 시간 속에 존재하는 자기 존재의 한 흐름을 시를 배태해내는 자양분이 되었다고 본다. 또 그의 시의 특이한 사항이 있는데, 그것은 철학적인 사유를 존재 확인으로 결부시켜 페르소나로 승화시키는 경향이 있다는 것이다. 이를테면 「사막의 끝에 강물이 흐른다」에서 "풀잎처럼 살아나는/ 유목민들"을 "춤을 추는/ 찬란한 극빈자들"로 대치시키거나 「빈 자리」에서는 "어디에도 있다/ 어디에도 없다"라고 대조적으로 파악하여 시의 전개와 사유에 대한 확장을 페르소나에 닿게 하고 있다.

 이제 이명자 시인은 8년간의 외국 생활을 마치고 고국으로 돌아와 평택에서 다시 살고 있다. 그러나 그가 외국으로 전전하는 동안 "배밭이 헐렸"고 "구부러진 길들은/ 찾기 힘들어졌"다. "견고한 빌딩 사이로/ 낯선 고독이 몰려다"니는 "건조한 도시를살아가"(「평택에 다시 왔다」)려고 그는 평택에 다시 돌아왔다. 그가 외국으로 떠돌며 감내해야 할 시간들은 간절곶에서부터 미국의 비치우드 또는 백두산 천지까지 광범위하게 포진하여 이명자 시인이 담대하게 견뎌 온 삶의 내력과 어머니와 아버지에 대한 그리움이나 회한을 통점으로 짚어내는 존재의 시간이기도 하다. 이러한 배경에는 그의 애틋하고 간절한 서정과 하동군 악양면 평촌에서부터 멀고 먼 미국의 비치우드까지의 서사가 교집합으로 잘 섞여 이명자 시인만의 육화된 시를 주조해낸 통점을 갖고 있어서이다.

 이명자 시인의 시세계는 유화도 아니고 수채화도 아니다. 거친 파도도 아니고 바람도 아니다. 그의 시는 민물과 바닷물이 만나는 섬진강을 닮은 시다. 그래서 그의 시는 어떤 폭거성이나 거친 면이 없다. 누구를 원망하거나 부정하거나 자책도 하지 않는다. 다만 "잘못 배운 말을 거두고 싶을 때가"(「말」) 있는 자성과 통찰의 시간만 있을 뿐이다. 그 시간 속에 "우연한 생각"이 있다면 시로 획득해내는 부단한 시심을 유지하길 바라며, 다른 "우연한 생각"이 또 떠오른 날에 그의 새로운 시를 기대하는 차원에서 다음의 시를 붙여둔다.

> 생각 없이 했던 말이
> 현실에 당도해 있다
> 몸은
> 상상을 하며 흘러왔던 것일까
> 동쪽과 서쪽
> 태풍과 고요를 오가며
> 중심을 잡아주고
> 가끔
> 불러 앉히고
> 귀도 막고
> 빗방울을 보게 한다
> 몸은
> 생각을 따라 흘러가고 있다
> ―「우연한 생각」 전문

이 명 자

이명자 시인은 경남 하동에서 태어났고, 2015년 계간 『애지』로 등단했으며, 현재 '시원문학동인'으로 활동하고 있다.

이명자 시인의 첫 시집 『누가 내 안에서 자꾸 꽃을 심는다』는 부모님을 향한 사모곡을 주제로, 인간 존재에 대한 성찰을 담고 있다. "몸 안/ 우주를/ 섬기고// 노란 멀미/ 뒤집어쓴 채/ 떠돌며 설법을 한다"는 「민들레」처럼, 이러한 성찰은 서정시의 미학으로 승화된다.

이메일 lmjakysil@daum.net

이명자 시집

누가 내 안에서 자꾸 꽃을 심는다

발　　행	2025년 8월 15일
지은이	이명자
펴낸이	반송림
편집디자인	반송림
펴낸곳	도서출판 지혜, 계간시전문지 애지
기획위원	반경환
주　　소	34624 대전광역시 동구 태전로 57, 2층 도서출판 지혜
전　　화	042-625-1140
팩　　스	042-627-1140
전자우편	eji@ji-hye.com
	ejisarang@hanmail.net
애지카페	cafe.daum.net/ejiliterature

ISBN 　979-11-5728-583-9   03810
값　　　12,000원

이 책의 판권은 지은이와 도서출판 지혜에 있습니다.
양측의 서면 동의 없는 무단전재 및 복제를 금합니다.